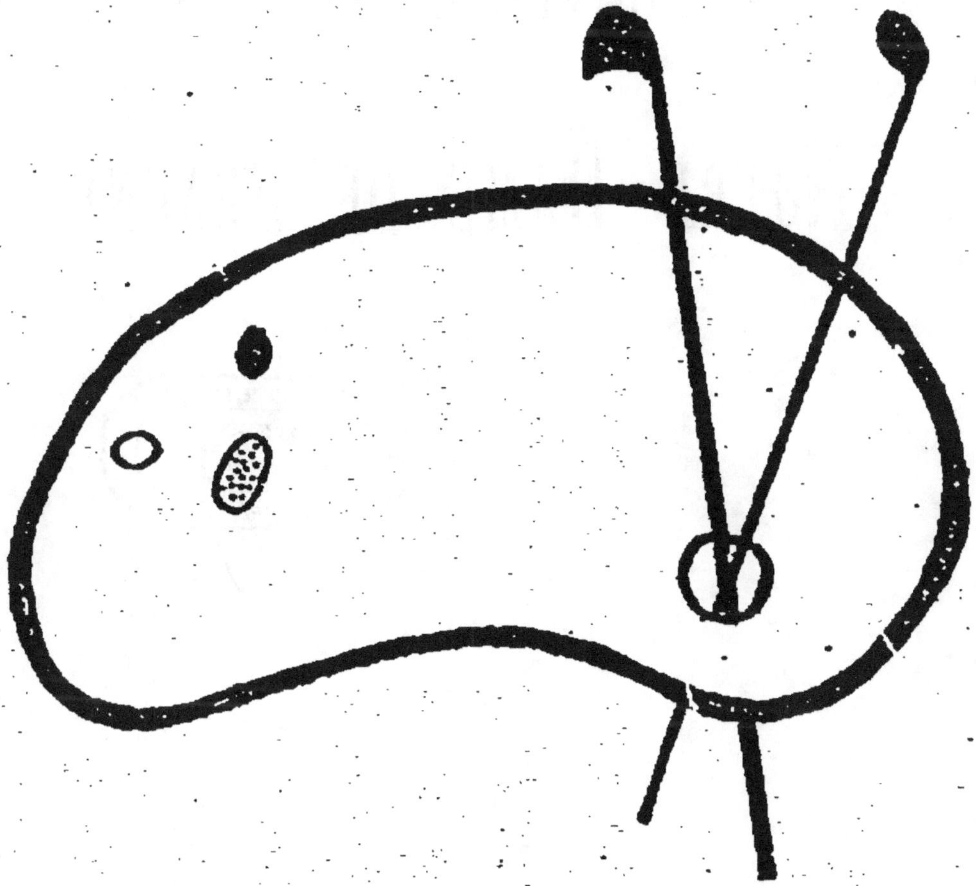

DEBUT D'UNE SERIE DE DOCUMENTS
EN COULEUR

LES NOUVELLES VERRIÈRES

DE

NOTRE-DAME DE BEAUNE

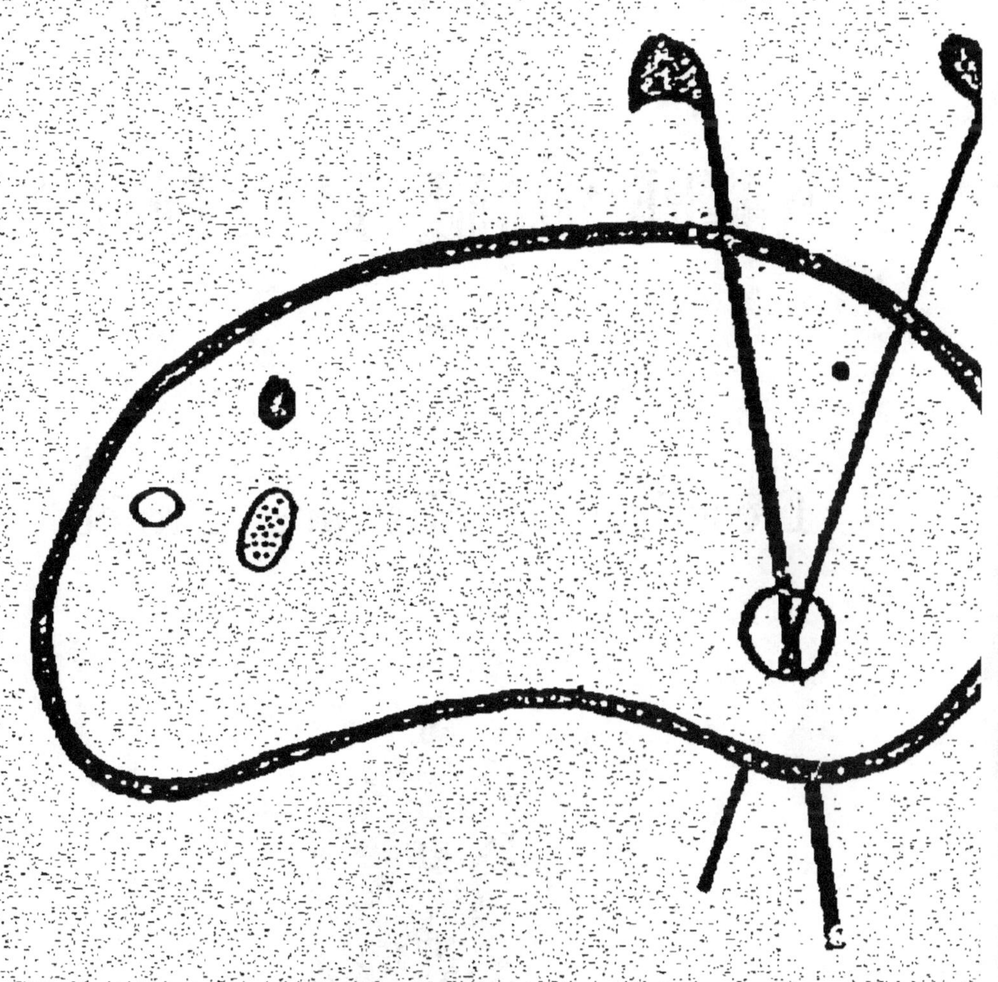

FIN D'UNE SÉRIE DE DOCUMENTS
EN COULEUR

LES NOUVELLES VERRIÈRES

DE

NOTRE-DAME DE BEAUNE

Description, Histoire, Projets

BEAUNE

IMPRIMERIE ARTHUR BATAULT

1897

De belles verrières ont été posées, il y a quelques semaines, à Notre-Dame. Des souvenirs de notre glorieux passé chrétien y ont été inscrits et revivent désormais sous nos regards. C'est une œuvre d'art qui vient rehausser la beauté du monument, et un progrès important accompli dans la restauration de notre église. Pour tous ces motifs, il nous a semblé opportun d'écrire cette notice, qui a pour but principal de fixer l'attention de nos paroissiens, de guider leur admiration, et de les aider à lire et à comprendre ces pages vraiment magnifiques.

Nous nous permettons, dans un court appendice, de faire connaître les travaux projetés dont quelques-uns sont déjà en cours d'exécution. Après avoir instruit du passé, nous voulons intéresser à l'avenir (1).

---

(1) En écrivant cette notice nous écartons toute prétention d'historien ou d'archéologue. Les données dont nous faisons usage, nous les avons recueillies, pour la plupart, dans d'instructives conversations avec MM. de Montille, Aubertin, Voillery, curé de Pommard, Sebille, curé de Plombières, ou dans les savantes études qu'ils ont publiées.

LES NOUVELLES VERRIÈRES

DE

NOTRE-DAME DE BEAUNE

❧

Description — Histoire — Projets

❧

Les nouvelles verrières ferment les quatre grandes fenêtres du déambulatoire et les trois petites baies qui surmontent l'arc-doubleau des chapelles absidales.

Nous devons d'abord nous arrêter à l'effet général.

Constatons qu'il est des plus heureux.

Les sept fenêtres ont été traitées en grisaille. Les quatre grandes fenêtres, seules, ont une bordure discrètement colorée qui donne un relief plus accentué aux trois médaillons inscrits dans chacune d'elles. Les scènes et les personnages, l'ornementation des fonds et la distribution des sujets, l'œuvre tout entière a été, comme il convenait, réalisée dans le plus pur style du xiii⁰ siècle. Aussi bien, notre peintre-verrier, M. Didron, l'auteur de la magnifique verrière des fonts baptismaux, est un maître dans l'art du moyen-âge. Non seulement son goût est parfait, mais sa science profonde n'est jamais en défaut. Il n'y a pas lieu de s'étonner que, pour les œuvres les plus considérables, pour l'ornementation des plus splendides édifices chrétiens, c'est à lui qu'on s'adresse souvent. Son pinceau est si sûr! sa palette si brillante!

Si nos vitraux avaient été faits au xiii⁰ siècle, ils auraient été complètement colorés, mais en même temps ils eussent fait écran et intercepté la lumière. Nos pères du moyen-âge, peu ou point instruits, ne portaient pas de livres d'heures dans les églises : leur religion profonde alimentait suffisamment leurs entretiens avec Dieu ; et, à cause de cela, ils ne craignaient point la quasi-obscurité. Il n'en est plus de même de nos jours. C'est pourquoi, sollicité par l'administration fabricienne, approuvé par l'architecte des monuments historiques, notre peintre n'a pas hésité à sacrifier les chaudes couleurs qu'il manie si bien. Il a laissé *voir clair* au fond de notre belle église en n'employant, en dehors des bordures, que des tons *blancs légèrement nuancés*. Le dessin, si savant et si expressif, se discerne avec une parfaite netteté. C'est discret, recueilli, religieux.

Maintenant étudions l'œuvre en détail.

I

Chapelles absidales

Chapelle de l'Immaculée Conception

La chapelle centrale, la chapelle d'honneur, a toujours été dédiée à la Sainte Vierge. Il convenait qu'il en fût ainsi, notre église ayant été érigée sous le vocable de Notre Dame. A Beaune, fait remarquer M. Rossignol, les nefs s'étendent au-delà du transept et enferment l'autel; on dirait qu'elles s'embrassent devant la chapelle de la Vierge, la plus honorée de toutes. Ainsi, à la chapelle de la Vierge, on monte des deux côtés comme au rendez-vous de la piété et de la confiance. L'Image noire, gloire et sauvegarde de notre cité, y était exposée naguère. On venait l'y invoquer ; et dans les solennités, c'était réellement tournée vers elle que l'assistance chantait la strophe si suppliante :

Maria, mater gratiæ,
Mater misericordiæ;
Tu nos ab hoste protege,
Et hora mortis suscipe;
Pro defunctis intercede.

L'image, sauvée pendant la révolution par une pieuse institutrice, est maintenant placée dans le transept. On honore toujours Marie dans la chapelle du chevet, mais sous son privilège de l'*Immaculée Conception*.

Un jour viendra, nous l'espérons, où cette chapelle, ainsi que les deux sœurs qui l'accompagnent, recevra les restaurations rendues nécessaires par l'infiltration des eaux qui en ont gâté la décoration. D'autres verrières remplaceront les verrières actuelles, trop opaques et peu en harmonie avec le style de la chapelle. Qu'on se figure cet ensemble : les trois chapelles restaurées, les neuf fenêtres closes par des vitraux dont les tons, s'alliant avec ceux que nous voyons dans les autres, distribueront une chatoyante lumière avec représentation artistique de scènes bibliques. Et l'on devra reconnaître qu'alors nous aurons dans notre église un chœur dont la beauté pourrait rendre jalouses des cités plus populeuses et plus riches.

En attendant, au-dessus de l'entrée de la chapelle

de l'Immaculée-Conception, nous avons placé une *Vierge-Mère*. C'est un souvenir de l'antique madone. Mais le privilège de l'Immaculée-Conception est encore rappelé, puisqu'est rappelée la raison du privilège : la maternité divine.

Chapelle Saint-Jean

La chapelle de droite (1), est dédiée à saint Jean-Baptiste. C'est un autre souvenir, un autre culte Beaunois.

Au moyen-âge, les Frères Hospitaliers de Saint-Jean de Jérusalem s'étaient établis à Beaune. Le nom du faubourg Saint-Jean témoigne, à travers les siècles, de leur séjour dans cette partie de notre ville. Ils y avaient une chapelle dédiée à leur patron, saint Jean-Baptiste. La révolution la fit disparaître. Mais Mgr Rivet, de sainte mémoire, voulant garder au faubourg Saint-Jean le culte de son patron, obéissant d'ailleurs à une loi de l'Eglise (2), assigna la seconde chapelle absidale à celui que le Sauveur avait appelé « le plus grand des fils des femmes. »

En attendant la restauration complète de l'élégant sanctuaire, nous avons peint, dans la fenestrelle qui le surmonte, saint Jean-Baptiste avec le disque portant l'Agneau de la Résurrection.

Chapelle Saint-Jacques

La chapelle de gauche est la chapelle de saint Jacques-le-Majeur.

---

(1) On sait que la droite, dans une église, est indiquée par le Crucifix du Maître-Autel. La droite est le côté de l'Evangile ; la gauche, le côté de l'Epître.

(2) Le Concile de Trente veut que le titre d'une église survive à sa destruction ; et il ordonne, dans ce cas, de le transférer dans l'église la plus voisine, et d'y établir une chapelle ou au moins un autel sous le vocable de l'église supprimée.

Il existe, au fond du faubourg Saint-Jacques, de très beaux restes d'une ancienne chapelle. C'était naguère la chapelle des Templiers, où le dernier Grand Maître de l'Ordre, Jacques de Molay, prononça ses vœux. Elle était dédiée à saint Jacques-le-Majeur.

Il en est de cette chapelle comme de la précédente. Elle retrouve son vocable à Notre-Dame. Et comme les habitants du faubourg Saint-Jean, ceux de Saint-Jacques pourront y vénérer leur patron.

C'est pourquoi, dès maintenant, la fenestrelle supérieure porte saint Jacques-le-Majeur, ou, comme on l'a appelé dans tout le moyen-âge, saint Jacques-de-Compostelle, du nom de la ville qui garde son corps, et qui attira pendant de longs siècles les pèlerins du monde entier.

C'est en souvenir de ces pèlerinages que saint Jacques a, pour caractéristique, les coquilles du pèlerin. Il s'appuie sur une épée qui rappelle son martyre.

II

Fenêtres du déambulatoire

Nous nous sommes proposé de retracer dans le déambulatoire une sorte de synthèse de l'histoire religieuse de Beaune. Quatre fenêtres, quatre chapitres : — 1° *Histoire de l'évangélisation de Beaune ;* — 2° *Histoire des reliques insignes conservées et honorées à Beaune ;* — 3° *Histoire, en tant que monument, de l'église Notre-Dame ;* — 4° *Manifestations de la piété beaunoise envers la Vierge Noire.*

Chaque verrière est composée de trois médaillons. Ce sont trois tableaux qui servent de développement à chacun de nos chapitres.

Première fenêtre

Evangélisation de Beaune

Premier médaillon (1). — Beaune n'a point le même bonheur que Dijon et Autun. La tradition rapporte que saint Bénigne prêcha à Autun et qu'il y baptisa saint Symphorien, qu'il prêcha aussi à Dijon et y souffrit le martyre. Nous n'avons aucun document authentique qui nous assigne un apôtre. Mais, quand on étudie les voyages apostoliques de saint Bénigne, quand on le voit sillonner les grands chemins de Chalon à Autun, d'Autun à Dijon, ne peut-on raisonnablement supposer qu'il ait voulu jeter la semence évangélique à Beaune, ville déjà importante, et qui se trouvait sur les routes qui reliaient ces différentes cités ? Nous l'avons cru, et c'est pourquoi nous n'avons pas hésité à inscrire ce fait dans notre verrière.

Le premier médaillon représente donc la prédication de saint Bénigne. Au premier plan, on voit l'apôtre, dans l'attitude de l'orateur : il élève le bras droit et tient de la main gauche le livre des Evangiles. Un peu en arrière, le jeune Symphorien d'Autun, son disciple, qui, demain, donnera sa vie pour Jésus-Christ. Devant lui, des auditeurs à la physionomie émue : un enfant ravi, un vieillard attentif et songeur, plusieurs autres personnages que « la Bonne Nouvelle » remplit d'enthousiasme. Des temples païens servent de fond à la scène.

Deuxième médaillon. — Le deuxième médaillon nous offre le souvenir du premier patron de Beaune.

---

(1) Une verrière se lit de bas en haut : le premier médaillon est le médaillon inférieur

C'est en l'honneur de saint Etienne, premier martyr, qu'a été érigée la première église de notre ville. Elle fut ruinée par les Sarrazins en 732. Mais le nom de la rue et de la place Saint-Etienne témoigne que le protomartyr n'a pas été oublié. Nous le signalons d'une autre manière à la piété beaunoise.

Dans notre médaillon, saint Etienne, la palme du martyre entre les mains, apparaît dans la gloire du Ciel. Nos aïeux, debout ou prosternés devant son image, célèbrent sa gloire ou réclament sa protection.

Troisième médaillon. — Nous rappelons ici le passage de saint Martin dans nos régions.

Quoique, à l'époque du thaumaturge des Gaules, le christianisme fût déjà très répandu, pourtant les campagnes étaient encore adonnées aux pratiques du paganisme. Ce fut la mission de saint Martin de sillonner les Gaules, de prêcher Jésus-Christ dans les moindres hameaux, jusqu'au fond des forêts, de faire disparaître de partout les erreurs et les superstitions païennes. Il vint dans notre Bourgogne, dans notre région beaunoise, et nombreux sont les souvenirs que l'histoire ou la légende ont conservés. Un des faubourgs de notre ville porte son nom ; aux sources de l'Aigue, une abbaye s'était élevée, qui se réclamait de son patronage(1). A tous ces titres, saint Martin méritait d'avoir une place dans l'histoire de l'évangélisation de Beaune.

Voici la scène que nous avons reproduite. Martin, raconte M. l'abbé Bavard, part un jour pour évangéliser le peuple du val de Vauchignon. Il arrive à la

____

(1) La chapelle très ancienne, très curieuse, existe encore, récemment restaurée par la religieuse famille qui est devenue propriétaire du pourpris de l'antique abbaye.

nuit noire, dans une bourgade (1) sise à l'entrée du vallon. Il heurte à toutes les portes, demandant un abri ; toutes sont closes, le village est désert.

Errant à travers les rues, il aperçoit une faible clarté. Il s'approche de la fenêtre de la chaumière ; il voit une femme assise dans l'attitude de la douleur. Il frappe, la porte s'ouvre. Il interroge cette femme sur la cause de sa douleur.

« Je suis veuve, répond-elle, et l'on vient de m'arracher ma fille unique pour la conduire à Teutatès. Hier, le dieu, élevant la voix dans le feuillage du chêne sacré, s'est plaint d'un prêtre du Christ qui renverse ses temples et brise ses statues ; et, en expiation, il a demandé du sang humain. Comme ma fille fréquentait les assemblées des chrétiens, le chef des druides l'a désignée pour victime. Il vient de l'emmener, et tous les habitants de la bourgade sont au fond de la vallée pour assister à son sacrifice. »

Martin console l'infortunée mère, et se fait conduire par elle au lieu de l'immolation.

Bientôt ils arrivent à un chêne séculaire sous lequel une foule féroce exécute une ronde funèbre autour d'une jeune fille vêtue d'une blanche tunique, couronnée de lierre et de verveine. Le chef des druides, armé du couteau du sacrifice, s'avançait pour immoler la victime.

« Arrête, dit Martin, en détournant le bras du prêtre païen. Je te défends de toucher à cette créature de Dieu. »

La subite intervention du pontife du Christ suspend la danse funèbre, étonne la foule, irrite le sacrificateur. On veut mettre à mort saint Martin.

____

(1) Aujourd'hui Nolay.

Mais il élève la voix ; il prêche avec une éloquence qui impose le respect à ces barbares et les force à proclamer que Jésus-Christ est le vrai Dieu. Comme ils hésitent encore :

« Abattez cet arbre, dit Martin. Je consens à me mettre du côté où il penchera et à le recevoir dans sa chute. Du moins, si je suis épargné, vous confesserez Jésus-Christ. »

Les coups de hache se succèdent. Le vieil arbre semble ferme comme le roc, puis il gémit, son tronc tremble, il s'incline, s'incline encore ; il penche de plus en plus du côté de Martin. Au dernier coup de hache le chêne oscille, et un effroyable craquement se fait entendre. A ce moment, le saint fait le signe de la croix, et l'arbre, poussé par une force divine, se détourne et va écraser le prêtre païen.

Maintenant, levez les yeux vers notre vitrail. Vous verrez saint Martin, mitré et auréolé, à genoux, tranquille et confiant. Derrière lui, le chêne qu'essaie d'abattre un paysan armé d'une hache. Devant lui, au milieu d'un groupe de femmes étonnées, la jeune fille naïvement surprise du salut qui lui arrive d'une manière si inopinée.

Deuxième fenêtre

Reliques de Beaune

Nous ne pouvions avoir la pensée de représenter dans nos vitraux toutes les reliques qui ont fait, pendant les siècles passés, la richesse de notre église. Seules, les plus remarquables, peuvent retrouver ici leur histoire.

Premier médaillon. — La scène représentée nous reporte aux premières années du VIIIe siècle. A cette époque, les Sarrazins, qui avaient franchi les Pyrénées, se répandaient comme un torrent dévastateur à travers la France. De toutes parts, on fuyait devant eux, chacun emportant ses richesses les plus précieuses.

Or, en ce temps-là, il y avait, non loin de Nîmes, une abbaye que l'on appelait l'abbaye de la Valsainte; saint Romule en était abbé. Quatre-vingts moines vivaient sous son obéissance. Entre autres pieuses richesses, ils possédaient le corps de saint Baudèle, martyr, dont le culte était alors très répandu, non seulement dans le midi, mais dans le centre de la France, où il était né. Leur premier souci fut de songer à soustraire ces reliques à la profanation des Sarrazins. Ils en firent deux parts : — une qu'ils scellèrent dans une boîte de plomb et qu'ils enfouirent pour la retrouver et la proposer à la vénération des peuples en des jours meilleurs ; — une autre qu'ils emportèrent avec eux comme une sauvegarde dans leurs périlleux voyages. Ils remontent le cours du Rhône et de la Saône ; et arrivent à Beaune. Ils s'y arrêtent; ils y demeurent quelques années. Soit pour reconnaître l'accueil hospitalier qu'ils trouvèrent à Beaune, soit pour promouvoir dans nos pays le culte de saint Baudèle, ils donnèrent une portion de ses reliques à une petite église qui, depuis lors, s'appela l'église Saint-Baudèle.

L'église Saint-Baudèle ne fut pas sans gloire. Pendant plusieurs siècles, elle eut le titre de paroisse, et, jusqu'à l'achèvement de Notre-Dame, fut l'église du Chapitre. Pour conserver le souvenir de son origine, la collégiale, le 20 mai, au jour de la fête de St Baudèle, se divisait en deux chœurs : l'un faisait l'office dans la chapelle qui avait été son berceau ;

l'autre à Notre-Dame. La chapelle Saint- Baudèle a été détruite; sur ses ruines a été construite une belle maison moderne, propriété du Dr Ricard, actuellement député de la Côte-d'Or.

Notre médaillon représente l'arrivée de saint Romule et de ses moines à Beaune. On reconnaît l'abbé de la Valsainte au nimbe qui le couronne. Il dépose religieusement le chef de saint Baudèle. Ses compagnons l'assistent et se tiennent avec respect derrière lui.

Deuxième médaillon. — C'est encore une page intéressante de notre histoire religieuse qui est ici représentée.

Au IXe siècle, c'était l'invasion des Normands. Dès les dernières années de Charlemagne, ils menaçaient la France, et avaient fini, sous ses faibles successeurs, par s'établir définitivement dans la province qui, de leur nom, s'appela Normandie. Sous Charles-le-Gros, ils s'avancent jusque sous les murs de Dijon, pillent la célèbre abbaye de saint Bénigne et en massacrent plusieurs religieux.

Sans entrer dans le détail des faits d'armes qui marquèrent cette invasion, disons seulement que les ducs de Bourgogne levèrent une armée qui fit reculer les hordes barbares. Manassès de Vergy, comte de Beaune, avec ses preux, les harcela jusqu'à Chartres et au Mans. C'est de là que, l'expédition terminée, les vaillants guerriers revinrent en Bourgogne, mais non sans rapporter ce qui dut être, pour des soldats chrétiens, la plus magnifique récompense, deux corps saints : les corps de saint Floscel et de saint Herné.

Saint Floscel avait subi le martyre à Bayeux, au IIIe siècle, lorsqu'il sortait à peine des années de l'enfance. Saint Herné était abbé de Céaucé, au diocèse du

Mans, et il avait vécu une longue vie dans la pratique des vertus cénobitiques. Les deux saints étaient en grand honneur dans tout l'ouest de la France, quand leurs corps furent apportés dans notre pays.

Après avoir reposé au château de Ruffey, ils furent l'objet de deux translations solennelles; la première eut lieu en 965. Les insignes reliques furent apportées de Ruffey à Beaune, et déposées dans une chapelle qui subsiste encore aujourd'hui et qui sert de cave à la maison n° 20 de la rue Paradis. Trois siècles après, en l'an 1265, une seconde translation, présidée par le légat Simon de Brie, les introduisit à Notre-Dame. Elles y eurent noble place. C'est sur le maître-autel même, à droite et à gauche du tabernacle, que furent déposées les chasses des deux saints.

Notre vitrail représente le retour des soldats bourguignons: ils sont bardés de fer comme les chevaliers du moyen âge. On voit nos deux saints, de taille inégale, portés sur une litière triomphale. Les habitants se prosternent sur le passage de ce cortège à la fois militaire et religieux.

Troisième médaillon. — La scène ici représentée nous offre un double intérêt. Nous n'aurions pas voulu l'omettre.

En 1237, saint Louis avait obtenu de Baudoin, empereur de Constantinople, qu'il lui remettrait les reliques de la Passion qu'il avait en sa possession. Comme ce prince les avait données en nantissement aux Vénitiens pour une somme considérable qu'ils lui avaient prêtée, notre saint roi traita avec le Doge de Venise, le remboursa des avances faites à l'empereur de Constantinople, et devint ainsi l'heureux possesseur des saintes reliques.

Il s'agissait de les apporter à Paris, où il construisait, pour les recevoir, ce magnifique reliquaire de pierre qu'on a appelé la *Sainte-Chapelle*. Ne voulant point charger de cette mission des mains vulgaires, il fit appel aux frères cordeliers. Quelques-uns de ces religieux partirent pour Venise ; et, de là, par étapes, se dirigèrent sur Sens et Paris. Leur itinéraire les fit passer à Beaune où ils s'arrêtèrent, déposant, peut-être pendant quelques heures à peine, leur précieux fardeau. Imaginons l'émotion que produisit, parmi nos pères, l'heureux évènement. Quel empressement autour des glorieuses Reliques : la sainte couronne d'épines ! une grande partie de la vraie croix ! le fer de la lance, le roseau, l'éponge, etc. ! Combien d'hommages, de prières, de larmes !...

Cependant, un des religieux, frère Valérien, tomba malade, et dut rester à Beaune, laissant ses compagnons continuer leur route. Telle était l'aménité de son caractère, telle fut l'édification de sa vie, que Beaune voulut une fondation de cordeliers dans ses murs. Nous pouvons encore admirer à l'extrémité de la rue de l'Hôpital, à droite et à gauche, de très beaux restes de ce couvent.

Notre verrière nous représente la marche des cordeliers : le premier porte la Sainte Couronne d'épines ; les autres une croix simple et une croix à double croisillon (1). Ce sont deux reliquaires qui font penser aux autres trésors qu'emportaient les pieux commissionnaires (2).

---

(1) Consulter les planches de l' « Histoire de la Ste Chapelle du Palais » par M. Sauveur-Jérôme Morand, chanoine de ladite église, présentée à l'Assemblée Nationale par l'auteur le 1er juillet 1790. — Paris, 1790.

(2) On voit à la sacristie de l'Hôtel-Dieu un reliquaire très beau : la base est d'ébène, la monture en argent, et, sous un globe de cristal, on aperçoit une petite épine portée par une armature en or ou en vermeil. Or un inventaire du XVme siècle signale parmi le trésor une *sainte épine*. L'Hôtel-Dieu ne possé-

Troisième fenêtre

Histoire de l'Église Notre-Dame

Nous avons résumé l'histoire de notre église en trois faits : 1° *sa construction ;* — 2° *une grande fête dont elle fut témoin ;* — 3° *un grand honneur qui lui fut accordé.*

Premier médaillon. — Au X° siècle, Saint-Baudèle était la seule église paroissiale de Beaune. Quoique parfois, à cause de son Chapitre sans doute, les titres lui donnent le nom de *collégiale,* de *cathédrale,* de *basilique,* plus souvent elle est appelée *oratoire, chapelle.* Il est juste de conclure de ces dernières appellations qu'elle était de proportions restreintes et insuffisantes pour les besoins religieux de la ville. Alors on pensa à la construction de l'église Notre-Dame. C'est au duc de Bourgogne, Henri, que l'histoire attribue l'honneur d'en avoir conçu le projet, quoique peut-être la mort ne lui ait pas permis de poser la première pierre de l'édifice. L'histoire nous a gardé aussi le nom de la duchesse Mathilde. Venue un long temps après le duc Henri, elle semble avoir assisté à l'achèvement de l'œuvre : elle donne un autel (1), des vases sacrés, des ornements.

Regardez la scène du vitrail. Un architecte du temps, un moine à longue robe, déroule, entre deux spectateurs au regard interrogateur et admirateur à la fois, le plan par-terre de Notre-Dame. A votre droite, vous verrez trois autres personnages, dont

---

derait-il pas vraiment encore une des reliques les plus précieuses du monde ?... Cette sainte épine ne proviendrait-elle pas du passage des cordeliers ?... Nous laissons aux hommes compétents la réponse à ces questions.

(1) Un beau fragment de cet autel existe encore adossé à la stalle centrale du chœur.

deux parfaitement reconnaissables à leur couronne, le duc Henri, les yeux abaissés sur le plan, et la duchesse Mathilde tenant à la main une bourse, qui rappelle la donatrice, ou, tout au moins, symbolise l'achèvement des travaux.

Deuxième médaillon. — Nous avons parlé plus haut de la translation des reliques de saint Floscel et de saint Herné, sous la présidence du légat Simon de Brie, en l'an 1265. Cette translation fut un évènement considérable. Mais la haute dignité de celui qui vint la présider en rehaussa singulièrement l'éclat; et nous avons une raison de plus pour consigner cette solennité historique, puisque Simon de Brie devint pape quelques années après. Il est connu dans l'histoire sous le nom de Martin IV.

Dans notre peinture, il apparaît au premier plan, la mitre en tête. Il entre à Notre-Dame en bénissant le peuple, et le doyen du Chapitre s'avance à sa rencontre.

Troisième médaillon. — Plusieurs fois, au cours de cette notice, le mot de *collégiale* est tombé de notre plume. C'est le moment d'en donner la définition. Une collégiale est une église desservie par des chanoines, ayant à leur tête un doyen, et psalmodiant ou chantant, chaque jour, toutes les heures du Bréviaire. Les Collégiales sont de dignités diverses : il y a les simples Collégiales et les *Insignes* Collégiales. Celles-ci, outre la dignité particulière, jouissent d'un certain nombre de privilèges. Mais pour cette gloire et ces prérogatives il faut des titres :

« Une collégiale mérite d'être appelée *insigne*, dit Ferraris, quand elle est la principale église d'une cité et a le pas sur les autres dans les cérémonies publiques, quand elle est remarquable par son antiquité, par la beauté de son architecture. Le nombre des chanoines et des ministres, l'importance et la noblesse de la ville, la distinction de ses habitants sont d'autres titres à ce grand honneur » (1). Tous ces titres, Beaune et Notre-Dame les avaient. Aussi, dans une bulle fameuse, Sixte IV (1471-1484) donne-t-il authentiquement à notre église le nom d'*Insigne Collégiale* et lui assure ainsi la prééminence qui y était attachée.

On voit, dans notre verrière, le Pape, escorté du roi de France et du duc de Bourgogne, donnant aux doyen et chanoines la bulle sur laquelle on peut lire les deux mots glorieux : *Insignis Collegiata.*

Quatrième fenêtre

Culte de la Vierge Noire

Nous avons réservé cette fenêtre pour exprimer les manifestations de la piété des Beaunois envers la Sainte Vierge, leur patronne. C'eût été l'occasion de redire l'origine de notre vieille Madone noire. Hélas ! nous ne la connaissons pas. Cette antique statue vient-elle, comme d'aucuns l'ont écrit, des Croisades ? Est-elle l'œuvre d'un artiste beaunois, qui aurait voulu, au Xe siècle, employer toute son habileté à doter d'une statue de la Vierge, l'église qu'on élevait en l'honneur de la Vierge ? Nous ne pouvons répondre à ces questions.

Du moins donnerons-nous ici une description de notre Vierge noire. Assise sur un siège dont les

---

(1) Si sit matrix in loco, præcedatque aliis in publicis functionibus, sit antiqua, et conspicua quoad structuram materialem, et numerositatem Dignitatum, Canonicorum aliorumve Ministrorum ; sitque in loco, seu oppido nobili, et numeroso et peritorum copioso.
    (Ferraris, *Prompta biblioth.*, art. *Collegium.*)

quatre montants sont d'égale hauteur, elle a sur la tête un voile encadrant le visage et retombant sur les épaules. Sous ce voile apparaît la chevelure qui se sépare au milieu du front; les bras reposent sur les genoux. Elle est vêtue d'une sorte de dalmatique à larges manches, sur laquelle on reconnait encore des traces de peintures à vives couleurs. L'Enfant-Jésus est assis sur sa mère, exactement devant elle, la tête à la hauteur de sa poitrine. N'avons-nous pas dans cette image un souvenir de l'iconographie qui a prévalu après le Concile d'Ephèse ? On sait qu'après ce concile, pour venger la vérité de la maternité divine, l'Enfant-Jésus fut représenté ainsi comme une caractéristique de la Vierge plutôt que comme un enfant porté par sa mère.

Depuis plusieurs siècles, l'usage a prévalu de revêtir notre image d'une ample chape, de couleurs différentes suivant les fêtes et les saisons liturgiques, qui l'enveloppe entièrement et cache tous les détails que nous venons de donner, ne laissant voir que les têtes de la Vierge et de l'Enfant-Jésus. Il n'y a pas lieu de troubler la dévotion des fidèles en enlevant cette chape. Nous regrettons toutefois ce vêtement traditionnel sans lequel notre antique madone serait bien plus intéressante à tous les regards.

Quoi qu'il en soit de l'image de la Sainte Vierge, de son origine et de sa parure, c'est devant elle que les générations sont venues prier. On y venait pour les nécessités privées; de solennelles supplications lui étaient adressées dans les calamités publiques. Souvent des miracles récompensaient la foi et la confiance. Un légendaire du XIIIe siècle écrit par Pierre de Marcilly, doyen du Chapitre de la Collégiale, contient le récit de vingt-quatre miracles opérés durant la seule année 1290. Nous ne résistons pas au plaisir de transcrire un de ces récits :

« Le Dimanche après la quinzaine de Pâques, un enfant d'environ six ans avait les pieds contournés de manière que les articulations étaient déjetées en dehors et en bas et que les talons se présentaient en avant. Sa mère, entendant parler de tous côtés des miracles qui s'opéraient à Notre-Dame de Beaune, le voua à Dieu et à la glorieuse Vierge Marie, et l'apporta près de cette église. Étant arrivée devant le portail, elle y posa l'enfant qui ne pouvait se tenir sur ses pieds ; elle le porta donc dans l'église même. A peine était-elle devant le maître-autel, qu'elle le déposa sur le pavé ; ses pieds furent redressés et il se mit à courir devant tout le peuple. Cet enfant était de Beaune, du faubourg Perpreuil. Les témoins de ce miracle sont: les sieurs Gauthier, sacristain de ladite église ; Pierre de Veuvey, tous les deux prêtres ; Hugues de Saint-Maurice et Pierre de Lantilly, clercs, demeurant à Beaune, et plusieurs autres, prêtres, clercs et laïques, qu'il serait trop long de nommer séparément, à cause de la brièveté que nous nous sommes imposée. »

On a continué de prier Notre-Dame de Beaune.

En 1832, Beaune, menacé du choléra, eut recours à son auguste patronne et fut préservé du fléau. Les fidèles firent graver sur le marbre, en lettres d'or, le témoignage de cette insigne faveur. De même, en 1854, la cité se pressa aux pieds de sa « sauvegarde », porta en processions son image vénérée et échappa au danger.

Ce sont ces souvenirs que nous avons retracés dans les trois médaillons de la quatrième fenêtre.

Dans le premier médaillon, on voit Notre Dame de Beaune reposant sur un piédestal, et un certain nombre de chrétiens à ses pieds, dans l'attitude de la supplication confiante.

Dans le deuxième, c'est une procession. Le porte-croix est à la tête du cortége. Vient ensuite Notre-Dame portée par des clercs. Sur le passage de la sainte Image, on voit une mère qui fait agenouiller son enfant et lui parle de la Sainte Vierge, qu'elle lui indique de la main.

Le troisième médaillon nous montre encore Notre Dame de Beaune et nous dépeint quelques-uns des miracles que l'on obtenait par son intercession. A droite c'est un paralytique appuyé sur ses béquilles qui obtient sa guérison. A gauche une mère tient son enfant qui était mort et que la Vierge ressuscite pour que le baptême puisse lui être donné. Du même côté, en haut, on aperçoit un démon qui s'enfuit et laisse libre celui qu'il possédait un instant auparavant.

Tels sont les sujets que nous avons peints dans les verrières qui ferment notre abside, tels sont les souvenirs que nous avons voulu raviver. L'œuvre présente de la sorte deux aspects intéressants.

Le premier est artistique. Vraiment c'est un superbe décor pour notre église que ces verrières aux tons si doux, au dessin si délicat, aux scènes si variées.

Le second est religieux et historique. « C'est rester dans une enfance perpétuelle, a dit un ancien, que d'ignorer le passé du lieu dans lequel nous vivons ». Quiconque, cette notice à la main, viendra regarder nos verrières, apprendra bien des choses du passé de notre ville. Mais la curiosité ne sera pas seule satisfaite. Nos tableaux parlent de faits glorieux, rappellent de splendides solennités, évoquent le souvenir d'une

vie chrétienne intense. A les voir, le sentiment religieux pénètrera l'âme plus profondément. On vou-
dra être soi-même plus généreux et plus chrétien.

III

Projets

En terminant, nous voulons dire un mot des restaurations qui s'imposent encore. Quelques-unes
sont d'ores et déjà engagées, l'entente étant complète entre l'administration fabricienne et le ministère des Beaux-Arts.

C'est d'abord l'achèvement de la chapelle baptismale. Certes, cette chapelle, grâce à la magnifique
verrière qui représente d'une manière si intéressante et si éloquente la scène de la crucifixion et
le baptème du Christ dans les eaux du Jourdain, est
déjà d'une grande beauté. Mais elle a d'autres ambi-
tions, que nous devons reconnaître légitimes. Elle
demanderait : — un pavé de mosaïques ; — une vas-
que baptismale ; — un autel dans le style du temps,
c'est-à-dire de la renaissance, aux formes si riches ;
— la restitution de la piscine dont on reconnait encore les traces, quoiqu'elle ait été arasée par les mo-
dernes vandales de la révolution. Notre éminent architecte, M. Selmersheim, prépare les dessins de ces
différents meubles et accessoires, et les remettra
bientôt entre les mains du sculpteur.

Dans la même chapelle, nous pouvons voir encore
des niches élégantes et riches, vides maintenant ;
elles étaient autrefois habitées par les statues de
Moise et de David, à l'entrée, des quatre Evangélis-
tes et de saint Jean-Baptiste, à l'intérieur. Nous

signalons ces restitutions à entreprendre. Il nous semble que nos paroissiens ne consentiront pas à laisser à demi restaurée la chapelle où sont faits chrétiens leurs enfants.

L'architecte s'occupe aussi, dès maintenant, des réparations extérieures de l'abside.

La toiture des chapelles absidales a laissé pénétrer les eaux dans les voûtes et dans les murailles ; l'exhaussement du terrain a entretenu l'humidité dans les soubassements jusqu'à en pourrir la pierre. Ne faut-il pas profiter des travaux de réfection et d'aménagement meilleur des rues et places adjacentes que la municipalité entreprend aux applaudissements de tous, pour que les deux œuvres marchent de front ? Notre-Dame rehausse singulièment la beauté de notre ville ; on ne peut embellir la voirie qui l'entoure, sans que le monument soit en même temps assaini, restauré, embelli lui-même. Municipalité, fabrique, ministère des Beaux-Arts — les trois administrations qui, à des titres différents, ont mission de se préoccuper, — jugent qu'il en doit être ainsi. On fera donc les réparations extérieures nécessaires aux trois chapelles ; puis on abaissera le terrain qui touche immédiatement l'abside, et l'on élèvera une grille qui, en même temps qu'elle préservera du fossé les passants, éloignera des murs de l'église les personnes et les choses. Cela est de très haute convenance.

Quand ces travaux auront été exécutés, il en faudra entreprendre d'autres : en premier lieu, la restauration intérieure des trois chapelles absidales. Ces trois chapelles sont comme le rayonnement du grand sanctuaire. Comment ne seraient-elles pas irréprochables dans leur structure, meublées et décorées avec l'art discret et sobre qui convient à leur âge, pour attirer à la prière et au culte ? Actuellement, hélas ! qu'elles sont loin de l'idéal rêvé !...

A l'intérieur encore, deux autres chapelles réclament d'une manière aussi impérieuse une restauration aussi complète : la chapelle Saint-Pierre et celle qui lui correspond, celle appelée populairement la chapelle du grand Christ, mais à laquelle il convient d'assigner un autre vocable.

Parlerons-nous du portail ? C'est à peine si nous l'osons.

Il y avait autrefois, dans les ébrasements des trois portes, anéantis par la révolution, douze personnages de l'ancien testament, les douze apôtres placés sous de riches dais, et, répandus dans les voussures, tout un peuple de statuettes. On dit qu'il faudrait cent mille francs, cent cinquante mille peut-être, pour refaire ce qui a été détruit !....

Mais, parce que la restauration intégrale paraît une œuvre immense et comme impossible à réaliser, n'avons-nous pas le *devoir* d'en entreprendre quelque partie, et d'apporter notre appoint personnel aux dépenses, chacun dans la mesure de nos forces ?

La duchesse Mathilde donna un autel et des ornements. Un siècle plus tard, Girard Baudoin et Oudot le Changeur, — l'histoire nous a gardé ces détails — léguèrent, l'un quinze livres, l'autre douze livres tournois pour l'érection du portail. Dans la durée des siècles, nos pères ont donné de leurs trésors, où prélevé sur leur pauvreté pour bâtir, agrandir, embellir Notre-Dame. De nos jours, les restaurations dont nous avons été les heureux témoins ont été exécutées par les contributions de tout le monde. Plus récemment, une généreuse donatrice a attaché son nom à l'exécution de la grandiose verrière de la chapelle baptismale. Un autre donateur assure le paiement des trois verrières de la chapelle Saint-Jacques. Un grand nombre nous ont remis entre les mains les offrandes, parfois très belles, qui nous ont permis l'exécution de travaux universellement admirés. C'est l'occasion naturelle d'exprimer notre plus cordiale reconnaissance, la *Bienheureuse Marie*, comme on disait naguère, demeurant chargée de les récompenser.

Ainsi, Beaune continue ses traditions de piété envers Notre-Dame.

Notre cité y sera toujours fidèle. Après avoir fait germer de terre, en l'honneur de la Sainte Vierge, un des plus beaux sanctuaires de la Bourgogne, elle l'a constamment enrichi; et si, pendant quelques années d'aberration incompréhensible, la main des hommes a aidé aux destructions du temps, notre génération, du moins, montrera qu'elle a à cœur de lui rendre sa première jeunesse et sa première beauté.

L. HÉRON,

CURÉ DE N.-D. DE BEAUNE.

Beaune, ce 1er décembre 1897.

Beaune. — Imp. Arthur Batault

247

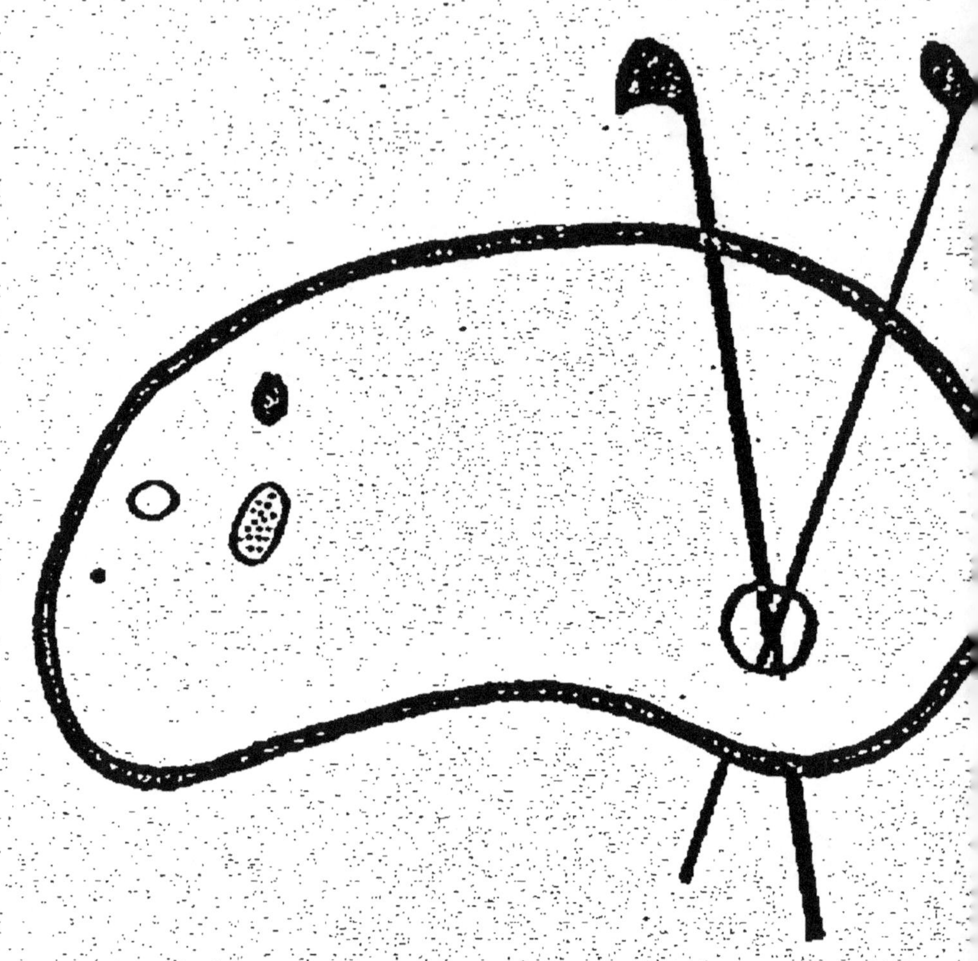

ORIGINAL EN COULEUR
NF Z 43-120-8